Kaiken se kestää

Kaiken se kestää

Runoja

Paavo Räisänen

Olen julkaissut aiemmin BoD:in kustantamana useita kirjoja.
Kirjailija sivuni: www.kirja-lakka.com

© 2024 Paavo Räisänen
Kustantaja: BoD – Books on Demand, Helsinki, Suomi
Valmistaja: BoD – Books on Demand, Norderstedt, Saksa
ISBN: 978-952-80-7227-0

Sisällysluettelo

Luvut:

Ikuinen Jumalanpalvelus

Joona

sait käskyn Jumalalta

vaikean

saarnata kaupungin tuhoa

Niiniven, jumalattoman

vastassa viha

Peräännyit

lähdit karkuun kaukomaille

otti Herra kiinni

oli tulla tuho, turmio oma

tottelit

Saarnasit

kaupunki kääntyi

vältti Jumalan rangaistuksen

sai armon

"Kantaa omaa ristiään"

omaa ruumista syntistä

taistella lihaa vastaan

maailman houkutuksia

Ristin kanto

ei ole ulkoisen merkin kantamista

se on sydämen rakkautta Jeesukseen

halu karttaa pahaa

Ristin kantaja

palkitaan vasta maalissa

taivaan kunnia odottaa

ilo kera enkelien

voittajaa

Taivaassa ikuinen Jumalanpalvelus

pyhät enkelit laulavat

Karitsa istuu istuimellaan

saarnaa ilosanomaa

poissa on synti, ahdistus

maiset vaivat

autuus on läsnä

loputon

Jumala kertoo meille totuuden Raamatussa

lopullisen

muuttumattoman

Tieteellinen totuus on tilapäinen

ihmisten mielipide

ihmisen tutkimisen tulos

järjen tuotos

tieteellinen totuus muuttuu koko ajan

ei ole lopullinen totuus

järki ei kerro totuutta

Jumalan salaisuuksista

Ihminen

on Jumalan salaisuus

hänen olemuksensa

ihminen on ihmiselle tutkimaton

Jumala ymmärtää

ihmisen salaisuuden

ei koskaan kerro siitä

kaikkea

Taivaanrannalla on sateenkaari

julistaa Jumalan tuomiota

irstaudessa elävälle

sillä:

"Ei enää vedellä,

vaan tulella"

Jumalan Sana on tuli

kertoo palkan synnistä

kuoleman rajan takana odottavan

Onni on kantaa maanpäällä

osaa pelastettujen

Lapissa eli profeetta

ääni joka huusi korvessa

tienraivaaja

sillä Herran päivä tulee

ennustettu

suuri ja hirmuinen päivä

on aika tuomion

Tulee ilta

Ihmiset elävät synnissä

vetoavat Jumalan armoon

Raamattu sanoo:

"sen sielun, joka syntiä tekee,

pitää kuoleman"

saamaan tuomion

viimeisenä päivänä

Armo on omistettava uskolla

ei ole synnin peite

Kehoittaa laittamaan synnin pois

uskomaan lunastukseen

Kristuksen ansiotyöhön

Takana päivä

niin rauhallinen

tulee ilta

saatanan joukot ryhmittäytyvät

valmistautuvat kadotuksen yöhön

illalla pidetään seuroja

Jumalan kansa koolla

Sanan kuulossa

Ihmisille tarjottiin Jumalan armoa

he vaativat toisen pelastavan tien

laveamman

Raamattu ei tunne tätä tietä

saarna on

väärän profeetan saarna

harhaoppinen

ei peri taivasta

Jumala on sanonut

luvannut sen

jos ihmiset katuvat

kääntyvät

Hän katuu sitä pahaa

mitä aikoi tehdä

Jumala on armollinen

mutta Hän vihaa syntiä

ei salli sitä

synnistä tulee rangaistus

katuva saa armon

"Minä laitan sinun eteesi,
elämän ja kuoleman tien"
kuoleman varjojen laakso
polku helvetin
on tie epäuskoisen
päällä maan

On tie
joka vie elämään
kaita piskuinen polku
joskus raskas kantaa ristiä
sillä Kristuksen seuraajan osa
on seurata Hänen kärsimystään
palkka
odottaa perillä
kuoleman rajan takana

matkalla ei ketään palkita
palkka on armosta
sillä omat ansiot
ovat vain taakka
viimeisellä tuomiolla

23

Maan päällä

on sotkettu paljon paperia musteella

väärät profeetat

valheen enkelit

ovat koittaneet saada Jumalan kunnian

tekosyyn elää hekumassa

Välttää tuomion

turhaa

turhaa

Raakel itkee lapsiaan

ja Ramasta kuuluu huuto

sillä on tuomion

itkun ja valituksen aika

lapset murhataan syntymättömänä

synnin yö

peittää maan

Herran päivä tulee

ennustettu

myöhäistä on itku

valitus

tuomion päivänä

Kaikki on luotu Sanalla

"Älkää tuomitko"

Jeesus tuomitsi

siksi Hänet tuomittiin

Sillä joka tuomitsee

se tuomitaan

Mutta joka ei varoita synnistä

vaan sallii sen

saa helvettituomion

Synnistä varoittaja

saa ihmisten tuomion

Jeesus velvoitti varoittamaan synnistä

profeettojensa

apostoliensa kautta

Hän jakoi myös elämän tosiasioita

kuin elämänohjeita

sillä joka tuomitsee

se tuomitaan

Hän sanoi

ettei poista lakia

Hän täytti sen

laki tuomitsee synnistä

laki on saarnattava

ei koske sitä

joka omistaa Jumalan armon

"Jokainen, joka huutaa avuksi,

Herran nimeä, pelastuu"

Mutta joka aidosti huutaa avukseen Herraa

tahtoo tuntea aidon Jeesuksen

pitää Hänen Sanansa

oppinsa

Raamatussa on selvät Sanat

että siitä ei saa ottaa kirjaintakaan pois

"Eivät kaikki, jotka sanovat:

Herra, Herra,

pelastu"

Vaan joka pitää Herran Sanan

uskoo Sanan saarnan

kokonaan

Monet etsivät uutta kuvaa Jeesuksesta

heille ei kelpaa Raamatun ilmoittama Jeesus

tehdään synnittömästä Jumalan Karitsasta

moderni versio

väännetään Hänen oppinsa

sanotaan ajan muuttuneen

aika on muuttunut

synnin pimeys on hirveä

kadotuksen lapsi ilmaantunut

"joka ei usko,

kadotetaan"

"Kaikki oma vanhurskaus,

on kuin saastainen vaate"

tarvitaan Kristuksen lahjavanhurskaus

yksin armolla

uskolla omistettava

ihminen on syntinen

syntinen hänen lihansa

tarvitsee jatkuvasti

Siionin armohoitoa

syntien anteeksiannon saarnaa

pelastavaa

Kaikki on luotu Sanalla

kaikki on Sanan varassa

Kristus on peruskivi

kallio

jolle rakennetaan

sillä "muuta pohjaa ei voi laittaa,

kuin joka pantu on"

Jeesus Kristus

uskon alkaja

ja päättäjä

Hänessä kuka silmät ummistaa

viimeisen kerran maan päällä

avaa ne kirkkaudessa

kunnian taivaassa

Aika on muuttunut

ennen ihmiset kunnioittivat Jumalaa

nyt on ilmestynyt

synnin ihminen

kadotuksen lapsi

itsekäs

uskoo yksilön vapauteen

lihan himot hänen jumalansa

maailman menestys

Ei kelpaa Raamatun ilmoittama Jumala

Jumala ei ole muuttunut

Jeesus on sama

ei Hän koskaan muutu

Lapsen uskolla pelastuu

Onko rohkeutta elää synnissä?

kuten maailma sanoo

kun on antanut saatanalle periksi

lähtenyt seuraamaan häntä

hyljännyt Jumalan tiet

lopettanut taistelun

Myynyt Vapahtajansa

huoruuden vuoteelle

luovuttanut taistelussa

rohkeutta?

Onko kateutta vastaan helppo taistella

voittaa, vaikka et haluaisi elämältä paljon

onko helppo nähdä

toisten menestyvän

omistavan paljon

Kateuden synti tulee kyllä joskus

ei ihminen

voi voittaa syntiä

Sen sovitti Kristus

tarjoaa armoa

syntien anteeksiannon saarnaa

uhriveressään

Lapsen uskolla pelastuu

lapsi ei ymmärrä kaikkea

hän uskoo

moni lapsi on vietelty

uskoo mihin sattuu

myllynkivi odottaa

lapsen viettelijää

helvetti ikuinen

"Älkää maailmaa rakastako"

kuinka usein

maailmaa rakastaakin

kaikkea, mitä se tarjoaa

teot, halut ja toteutus ovat eri asia

uskovainenkin on syntinen

himot viettelevät häntä

uskovainen haluaa olla täyttämättä

synnin mittaa

Kilvoitella synnin poispanijana

sillä synti kyllä tarttuu

sitä ei voi välttää

uskovaisella on armo

ja Evankeliumi korjaa haavat

Jeesus voitti kaikki synnin houkutukset

Hän ei langennut edes ajatuksen syntiin

Hänen ansiotyönsä tähden

meillä on tie taivaaseen

Ihminen on aina kapinassa Jumalaa vastaan

taipumaton hänen mielensä

vaikea nöyrtyä

Jumalan tahtoon

ottaa myös vastoinkäymiset

Isän kädestä

Tehdä Hänen tahtonsa

vaikka maailma ahdistaa

Oma liha

ei tee parannusta

Ihmisillä on monia tapoja uskoa

helvettiin on monta tietä

yksi on omavanhurskauden tie

harhaoppi

ei julkisyntiä pienempi synti ole

synti kadottaa

jos sitä ei laita pois

Evankeliumin saarnalla

Rakkaus

Hänellä on salaisuus

kuka voi ymmärtää hänen salaisuuttaan

sillä hän ei kerro sitä

"lukittu lähde,

kiinnipantu kaivo"

Sekö hän on?

tutkimaton

Kuka ymmärtää ihmisen salaisuuden

mikä hän on

ja hänen salaisuutensa

sillä hän on vain liha

mutta hänessä on henki

kuolematon sielu

ihmiselle tutkimaton

Jumala

sydänten ja aivoitusten tuntija

tutkii ja tietää kaiken

Hänen käsiinsä

on hyvä jättää

luottaa

elämä

Armo

on Kristuksessa

ja Hänen pelastustyössään

syntien sovitus, lunastus

uskovaisen kotiopettaja

on armo

Lain saarna puhuttelee

armosta osatonta

kutsuu äärelle armoalttarin

tarjoaa sovitustyötä

veren ääni

sammumaton

Rakkaus

mikä se on

kuka tutkii sen salaisuuden?

Sillä aito rakkaus

vuotaa Kristuksesta

antaa lähimmäisen rakkauden

sovun, tunteen aviopuolisoiden välille

Jumala on rakkaus

voiman lähde

ehtymätön

Linnun laulu keväisen puron rannalla

sekametsikössä

puron solina

Kirkkaampana solisee

vesi

elämän lähteistä

tarjoaa armahdusta

syntien sovitusta

sytyttää aidon rakkauden

Kristuksesta vuotavan

puhtaan tunteen

jalon

Miksi hän ei kerro salaisuuttaan

ihmisellä on salaisuus

ei hän tunne sitä

sillä ihmisen salaisuuden

tuntee vain sydänten

tutkija, tuntija

Jumala

Aito rakkaus on puhdasta

se ei ole aistillista

lihallista nautintoa

sillä rakkaus on

toisesta välittämistä

toisen puolesta uhrautumista

"ei etsi omaansa"

kärsii kaiken

myös vääryyden

sillä ihminen on vajavainen

ei hän kykene täydellisyyteen

hän lankeaa

Kristuksessa on sovinto

yli heikkouksiemme

Kaiken se kestää

"Kuuluttakaa Herran riemuvuotta,

julistakaa vangeille vapautusta"

sillä Kristus tuli

vapauttamaan synnin orjat

kahleistaan

Hänessä on voitto

ja voitonlippu

Häneen turvaavalle

sotasankari voittamaton

pelastus synnistä

vankein vapahdus

Jeesuksen veri

on hyvää puhuva

vapauttaa synnistä

Mutta:

"välttäkää läkähtynyttä verta"

veri ilman henkeä

ei pelasta

Sovintoveri on puhdas

viaton

se on Karitsan

uhriveri

Maailmassa meillä on taistelu

mutta sodankin keskellä

Hän voi antaa rauhan

tyvenen lepopaikan

sodan melskatessa ympärillä

Sillä Hän jätti oman rauhansa

kuolemassa on uskovaisen voitto

taistelu tauonnut

edessä Karitsan juhlat

Rakkaus voittaa paljon pahaa

sillä se kärsii

kestää kaiken

Jumalan rakkaus

oli Hänen Pojassaan

sovitustyössä

ristillä

Ensimmäinen rakkaus

Kristus

odottaa sitä

joka Hänet hylkäsi

tulisilmäisenä tuomarina

Hänen seuraajilleen

lempeä Paimen

armon ruhtinas

Morsian

ja hänen morsiuspukunsa

vanhurskauden vaate

jolla Kristus hänet puetti

kallis

puhdas

on Kristuksen morsian

Säilytä morsiuspukusi

ajan melskeissä

puku kyllä tahriintuu

uhriveri pesee tahroista

Golgatalla vuodatettu

"meidän edestämme"

Morsian odottaa Ylkää

Morsian odottaa Ylkää

odottaa

ajan ilta on pitkä

odotus painaa

Kerran Ylkä saapuu

kunniassaan

enkeliensä kera

odotus palkitaan

Kauniit ovat Jumalan sanat Abrahamille

hänen vaimostaan

Saarasta

"sinulla on viisas vaimo,

kuuntele häntä"

Vanha Saara äiti

on Jumalan seurakunnan vertaus

ryppyinen

vioilla ja virheillä peitetty

sen ääntä on kuunneltava

Rebekka

niin kaunis nuori neitsyt

haettiin vaimoksi Iisakille

synnytti Jaakobin

Jumala rakasti Jaakobia

hän peri Israelin

kauan sai Jaakob palvella enoaan

14 vuotta

ennen kuin sai vaimoksi Raakelin

oli rakkaussuhde herkkä

kaunis

Raakelin pojasta Joosefista

tuli sukunsa pelastaja

Mooses pakeni vieraalle maalle

löysi ihanan neitsyen

Sipporan

rakkaus syttyi

alkoi liitto

Arvokas tuki Moosekselle

oli vahva vaimo

Jumalinen

Kuin peura kaipaa raikasta lähdevettä

vaeltaessaan korvessa

janoaa köyhä

maailman ahdistama sielu

vettä autuuden lähteistä

virvoittavaa

ravitsevaa

veri viaton

joka vuoti ristillä

puhdista synnistä

Kaiken se kärsii

tuskan

yksinäiset yöt

rakkaus on valtava voima

aito rakkaus

on Jumalasta

välittää

ottaa vastuun

ei etsi omaansa

jakaa omastaan

kestää

Musiikki-runo esitysteni sanoja

Nämä videot on musiikin kanssa julkaistu YouTube kanavallani, jolle on linkki kotisivultani www.kirja-lakka.com

Armon virta

Lain saarna
vaatii mahdotonta
sen tarkoitus on hyvä
herättää synnintunto
johtaa Hyvän Paimenen luo
etsimään armoa

Armon virta on ääretön
hukuttaa synnin tarttuneen
nostaa katuvan syntisen
syliin Jeesuksen

Jeesus oli Hyvä Paimen
lempeä
täytti vaativan lain
ei kumonnut lakia

antoi armon katuvalle

Sana pelastuksesta kaikuu

yli ihmiskunnan

veren ääni kuuluu siitä

Golgatalla vuodatetun

vuoksemme

edestämme

Vahva linna

on nimi Herran

turvasatama

ken tarttuu käteen ojennettuun

Vapahtajan

Synnin päästön avaimet

jätetty päälle maan

armahtaa katuva

avata portti taivaaseen

Herran seuraajat jatkavat

työtä Herransa

Hänen nimessään

synnit

anteeksi saarnaten

Hänen uhriveressään

Vapauttaa saarna katuvan

tuo lohdun,

rauhan tunnolle

laskeutuu Pyhä Henki

oppaaksi matkalle

Juoni

Käärme teki huorin

hän vaati opin vapaasta

seksuaalisuudesta

Jotta saisi

kuolemansyntinsä peitetyksi

Hän vihasi poikaa

jolta ei saanut seksiä

Vaati homon korotettavaksi

jotta hän vaatisi sitä

hänen puolestaan

Hän halusi lesbouden

koska hän piti valtaa

seksin avulla

Ihmisten himot

olivat hänen valtansa

Hän halusi rikkinäiset perheet
jotta saisi heidän lapsensa
ja koska hän rakasti riitaa
vaikka puhui julki aina
vain rakkaudesta

Hän valtasi median
sai valtaansa kouluopetuksen
tieteen avulla
hän otti vallan Eduskunnasta
juonten on mestari
saatana

Käärme on tuomittu ristillä
syyttää siitä Jeesusta
mikä oikeus kellään
on toisen päätä

rikkipolkea

Kadotus odottaa niitä

jotka käärmettä seuraavat

Armon ovet ovat vielä auki

ennen kuin koittaa tuomio

Kadotuksen lammas

Hän oli ollut uskovainen

vihasi heitä

hän oli tehnyt syntiä

häntä oli puhuteltu

hän katkeroitui

Hän ei halunnut syntejään

anteeksi

Harhaoppi oli vienyt

kadottavat tiet

Maailman valhe

tuntui rakkaalta

Hän vetosi mediaan

hänestä tehtiin

kohujuttuja

kuinka ilkeitä

ovat Lestadiolaiset

Hänet olisi haluttu pelastaa

taivastielle

Jumala laskee paatumuksen rauhaan

Sanansa hylkääjät

Herran rauha Hänen omillaan

vaikka pilkka, vaino ahdistaa

sota soi maallinen

seuroissa on tyven

Yksi tie

Kaikki tiet vievät taivaaseen

opettaa saatana

hän haluaa kaikki

kanssaan kadotukseen

kieltää synnistä puhuttelun

"Siionin tähden en minä vaikene"

on mieli uskovaisen

odottaa maailman tuomio

totuuden puhujaa

Puhuttelun tarkoitus on hyvä

pelastaa sieluja

kadotuksen ansasta

saatanan orjuudesta

Raamattu puhuu

vain yhdestä pelastavasta tiestä

oppi on selkeä

vihollinen vaikenee siitä

Maailma haluaa

lavemman tien

leventää ahdasta porttia

ei perustu Raamattuun

Parannussaarna on saarnattava

lakia peittämättä

Armo kuuluu katuvalle

laki herättää nukkuvan

Näky

Profeetta Hesekielen näky
kadotettujen luut kedolla
kuolleet, kuihtuneet
heräsivät henkiin
saivat lihansa
Jumalan Sana ja henki
tekee kuolleesta elävää

Synnin unta nukkuu kansa
yksilönvapauteen peitetään huoruus
tehdään irstaus ihanteeksi
kadotuksen ansa
päällä maan

Sateenkaari loisti kerran tuomiota
tulevaa

"Ei enää vedellä, vaan tulella"

Sanallaan Jumala hukuttaa

maailman

Koittaa tuomio

tilikirjat avataan

ovat siunatut ja kirotut

ei kolmatta joukkoa

Armahdusta huutaa vielä

ääni Hyvän Paimenen

paluuta synnin juoksusta

ennen kuin on yö ja myöhä

teitä katua

Voi tulla paatumus

tunto ei herää haluun

armon aika ihmisellä

ei ole loputon

Uhriveri vuosi

kerran ristiltä

keihäs pisti kylkeen

viattoman

Armahdusta tarjoaa

sielulle katuvalle

Sodoman synti

Sodoman asukkaat tekivät hirveää syntiä

miehet makasivat miesten kanssa

naiset naisten kanssa

Synti, josta myös Mooses ja Paavali puhuivat

totuus

se on kadotuksen ansa

Jumala vihastui

Sodoma hukkui tuleen ja tulikiveen

tänä päivänä Sanan tuli

kertoo Jumalan tuomion

Sateenkaari julisti tuomion

Nooan aikana

Kerran Jumala hukuttaa maailman

ei enää vedellä,

vaan tulella

Antikristus nousee

opettaa kirkkoja

asettuu Jumalan asemaan

kertoo ajan muuttuneen

Jumalan tuomion synnistä

olevan mennyttä

Raamattu sanoo

lopun ajan ihminen on irtaallinen

rakastaa itseään

itsekäs

hän elää himoissa

"Pitää huoli vain omista asioista"

ei perustu Raamattuun

Raamattu julistaa tuomion

välinpitämättömälle

väärälle paimenelle

Kuin salama taivaalta

tulee Kristus tuomiossaan

kun koittaa tuomio

on myöhäistä katua

Vielä on armon aika

Sanaa julistetaan kaikille

joka palaa ja katuu

löytää armahduksen

Lapsi ja käärme

Käärme sanoo rakastavansa lasta

tosiasiassa vihaa

haluaa lapsen sielun

huorintekonsa peitteeksi

harhaan johdetun sielun

Kadotukseen kasvatetut lapset

aikamme ilmiö

Käärmeen juoni

saatanan vaade

omiensa syntien tähden

Puhutaan suvaitsevaisuudesta

yksilönvapaudesta

seksuaalisesta suuntautumisesta

vapaasta seksistä

Leviää harhaoppi kouluihin

medioita johtaa käärme

esivalta on voimaton

kun tieteen tuloksia ohjaa käärme

manipuloiden

Kutsuu Herran kansa

kansaa parannukseen

synnin, harhaopin teiltä

Herran Henki ohjaa

oikeaan opissa

Pettäjä

Ristillä murskattiin
käärme ja saatana
pakenivat pimeisiin loukkoihin
menettivät valtansa

Nousi baal
saatanan yksi olomuoto
kun aika kävi kypsäksi
piilossa elänyt

pimeydessä vaikuttavat
pahan voimat
pyrkivät esille
torjuntataistelu on kova

Nousee pimeydestä

vaalea kaapu

nostaa aatteet jalot

kahlitsee

viettelee ihmisiä

Helppo on ihmisen

tuntea pahan musta voima

vaaleakaapuinen vihollinen

pettää monia

jotta:

"jos mahdollista,

valitutkin eksytettäisiin"

Nousevat lihan voimat

aistillisuus

kaikki on verhottu

kauniiseen kaapuun

pettävään

Jumalan voima

on vihollista vahvempi

ihmisellä on mahdollisuus valita

tiensä, oppinsa

ketä seurata

Sota ja rauha

Jumalan rauha

täyttää uskovaisen mielen

sydämen

Sillä Kristuksessa meillä on rauha

voitto sodasta

Maailmassa meillä on taistelu

on liha syntinen

ei perkele anna rauhaa

"Eipä meillä ole taistelu,

lihaa ja verta vastaan,

vaan pimeyden henkivaltoja,

taivaan alla"

Kristus särki

perkeleen kahleet

viaton kärsimys

synnitön taival

tuskanyö, ristinkuolema

"Pukekaa päällenne Kristus"

Hän autuus on ihmisen

kuoleman rajan takana

kiittää voittaja

Harhaanjohtaja

saatanalla on väärä profeetta

keksii uusia oppeja

manipuloi

ateisti

kieltää Jumalan

Valheeseen vedetty

ei näe Jumalan maailmaa

kiistää yliluonnollisen

jopa käärmeen ja saatanan

Hän turruttaa itsensä viihteellä

tekee kaikesta järkeensä menevää

saatana on opettanut hänelle

hänen järkensä

Vaikuttaa monissa opeissa

keksii uuden seksuaalisuuden

jo Raamatun aikaan syntinä tunnetun

luo uuden ihmiskäsityksen

Jumalan Sanan vastaisen

Valehtelee Jumalan salaisuudet

pitää Raamattua satukirjana

kiistää Jumalan ilmoituksen

kaikissa asioissa

saa valtaa ihmisten itsekkyyden

himon ja ahneuden tähden

lupaa ihmiselle

aina enemmän

kuin Jumala

kunnianhimo

ei ole Jumalasta

Opettaa väärän viisauden

saatanan järjen mukaisen

perustuu ihmisnäkemyksiin

ei vuoda Jumalasta

sillä oikea viisaus

on sidottu Jumalan ilmoituksiin

Kätkee totuuden

kerran loppuu aika maailman

koittaa tuomio

Tulisilmäinen on tuomari

kaksi vain on joukkoa

tuomarin edessä

Työ on Herran

Työ on Herran

ei kenestäkään itsestä

"ettei yksikään kerskaisi"

Jumalan on maa

viisaus ja hyvä anto

lahjat,

jotka Hän antoi

"Lisää meille uskoa"

rukoilivat jo opetuslapset

Heikko on usein usko

matkamiehen

Oma voimattomuus painaa

saa nojata

matkasauvaan

Jumalan ojentamaan

"Tapahtukoon kaikessa Sinun tahtosi"

emme ymmärrä

Jumalan johdatusta

Hänen tahtonsa viisautta

pieni on ihminen

suuri hänen Herransa

rajaton valtansa

On oikein pyytää

askareille Jumalan Siunausta

Hänen käsiinsä jättää

elämänsä

Vallanahne

saatana on vallanahne

kunnianhimoinen

syyttää Jumalaa

ettei Jumala antanut

hänen hallita taivaassa

Oliko Jumala oikeudenmukainen,

ajaessaan saatanan taivaasta?

Jumala loi saatanankin

hänen piti kunnioittaa Luojaansa

Oliko Jeesuksella oikeus,

polkea rikki saatanan pää?

saatana on pahantekijä

kaiken pahan takana

Jeesus suoritti tuomion

Kerran on viimeinen tuomio

saatana enkeleineen heitetään

helvettiin

Seuraan hänen

joutuvat kadotetut

Ethän tahdo kuulua joukkoon

kadotettujen

Vielä on armon aika

Siionissa ovet avoinna

Tieto, valta ihmisen

Voi sitä

joka haluaa vain kunniaa, valtaa

lisää rikkautta

varoittaa Raamattu ahneudesta

kunnianhimo

johtaa moniin synteihin

ylitsekäymisiin

Ihminen kapinoi aina Jumalaa vastaan

on aina tehnyt

Jo apostolien aikaan

ihminen ei halunnut uskoa kuten he opettivat

halusivat toisenlaisen kirkon

joka tarjoaa toisenlaisen tien pelastua

Joka haluaa vain julkisuutta

joutuu häijyyn henkeen

ei Kristus ole hänen Herransa

hän luottaa ihmistöihin

katoaviin aarteisiin

ansa vihollisen

Halusi ihminen tietää kaiken

olla Jumalan veroinen

tutkia järjellään Jumalan salaisuudet

kadotuksen ansa

mihin johti usein synti tunnustamaton

kapina Jumalaa vastaan

Ihmisen halu olla Jumalan veroinen

johti oppeihin

joissa kuunneltiin saatanaa

hänen antamaansa ilmoitusta

hänen järkeään

Vaaleakaapuinen vihollinen

syvyydestä, pimeydestä noussut

käyttää hyväkseen

ihmisten syntejä

tunnustamattomia

keksii tilalle opin hyvästä ihmisestä

Keksi saatana huvielämän

jo tuhansia vuosi ihmiskunnassa kyteneen

Kristittyjen verta vaatineen

korotti, nosti sen

Teki ihanteen

kuin uuden jumalan

Tanssin pyörre, himo hurja

Partneri etsii paria

huoruuden loukossa

Ei kestävä alku liitolle

käärme vaati elinikäisen uskollisuuden

loukkoonsa tulleelta

vaatii ikuisesti takaisin

Ei kunnioita avioliittoa

Vaalea kaapu nousee pimeydestä

pehmittää kaiken

sanoo Jumalan maailmaa hulluudeksi

tarjoaa tilalle seksiä

aatteita jaloja

joiden takana on syntielämä

Jumalasta luopuminen

Hän syyttää Jumalaa sodista

sai itse ne aikaan

sillä hänen kiero juonensa

on vääryyksien syy

Jumalasta luopuminen

on aikamme ilmiö

synnistä ei saisi puhua

tämä on käärmeen vaade

ettei hän paljasta

kaikkia orjiaan

Joka synnistä luopuu ja katuu

hänet Jumala armahtaa

asettuu vahvaksi suojaksi

turvaksi pelastetun

lunastetun

Synnin ihminen

Maallistuminen on aikamme ilmiö

materialismi valtaa ihmiskuntaa

ihmiskeskeisyys, joka on Raamatun vastainen oppi

on vallalla

Kristityllä elämässä on Jumala keskiössä

Synnin luvallisuus on aikamme pahe

yksi niistä

sillä synnin ihminen on ilmoitettu

vetää valheen verkkoihin

sitoo seitteihinsä

Ihmisviisaus on kuin Jumala ihmiselle

varastaa Jumalan kunnian

Jumala on arka kunniastaan

ei anna ihmiselle

saatana ei tätä usko

sillä hän uhmaa aina Jumalaa

Jumalan kansa saarnaa

kertoo totuuden

Ihmisille hulluus

on totuus Jumalan

Aikamme

Aikamme ihminen on irtaallinen

haluaa tehdä huorin

himo on hänen jumalansa

hekuma halunsa

Sodoman synti ihanteensa

Hän elää valheesta

vääristää totuutta

Puhe käärmeen

on sulosointu hänen korviinsa

sillä käärme lupaa himot

hekumalliset

Hän asettuu Jumalan asemaan

sanoo tietävänsä kaiken

hallitsevansa järjellään kaikkea

hän ei tunne herraansa

saatanaa

Joka sanoo olevansa vain

hyvä ihminen

Hän kiistää Raamatun arvovallan

sanoo Jumalaa satuolennoksi

Tämän hänelle kertoi

saatana

hänen herransa

Vaaleakaapuinen vihollinen on saatana

antikristus yksi hänen olomuotonsa

valtaa kirkot

keksii opit

ihmismieltä viihdyttävät

Käärme ottaa vallan

ihmiset riemuitsevat

Viimeinkin he saavat

tarpeeksi seksiä

Avioerot rikkovat perheet

eniten kärsivät lapset

Tulee lapsia

jotka kasvatetaan kadotukseen

myös koulun penkillä

Synnin mitta täyttyy

koittaa tuomio

Missä joukoissa silloin seisot

oi ihminen

Armo ajaa kohti totuutta

Kun Jumalan armo

suunnaton rakkaus

saa koskettaa kuivaa sydäntä

kuollut alkaa herätä

synnyttää vastarakkauden

Rakkaus paloi kerran ristillä

ei sammunut tuskanyönä

opettaa totuuteen

nöyrtymään Jumalan tahtoon

kuulemaan Herran Sanaa

Armo ajaa kohti totuutta

ei salli vilppiä

Jumalan Sana

on muuttumaton totuus

paljastaa valheet kavalat

Käärme kertoo valheet

vääntää totuuden

saatana oli valehtelija

jo syntyessään

Valheen ruhtinas

Voitti Jeesus ristillä

käärmeen, saatanan

vihollinen pakeni pimeisiin

loukkoihin

pyrkii esille

Taistelu on ikuinen

pahan voimia vastaan

totuus

Kristuksen hengen sota aseet

ainut turvakilpi

joka kestää sodassa

Herran enkeli tuli

Ja hänelle näytettiin Paavalin kuolema Kristukselle

kolme kertaa

Ensin hänen elintoimintansa lakkasivat

hän alkoi vajota pimeyteen ja tajuttomuuteen

ja antautui sille

kuoli hetkeksi, mutta heräsi uudelleen elämään

Toisella kerralla

hänen ruumiinsa alkoi muuttua kylmäksi kuin ruumiin

ja hän pyysi armoa Jumalalta

hänen ei tarvinnut kuolla pois

Kolmas kerta oli rauhallinen

hän vain rauhallisesti nukahti pois

ei uskovaisen kuolema

ole yleensä kauhea kokemus

Itseään ei kuulu rakastaa

mutta ei myöskään vihata

katumusharjoittelu ei ole Jumalasta

Raamattu opettaa

itsestään kohtuullisesti pitämään

oikea paasto

on paastota hengessä

nauttia Jumalan Sanaa

hiljentyä sen äärelle

Jumala loi himon

kun Hän loi ihmisen

Himo ei alkujaan ollut synti

jo Adam ja Eeva ennen syntiinlankeemusta

tunsivat vetoa toisiaan kohtaan

himoon tuli synti

syntiinlankeemuksen seurauksena

Jumala lupasi Salomolle:

"minä annan sinulle sinun miehen himosi"

rakkauden himo ei ole synti

Mutta käärme petti ihmisen

eikä Jumalan tahto

toteudu täydellisenä

ihmisen elämässä

Sukupuolielämä avioliitossa

on Jumalan tahto

että se toteutuu

Pimeys johon Elia vajosi

ja antautui sille

oli turvallista Kristuksen pimeyttä

joka on pimeämpi kuin saatanan pimeys

hän kävi helvetin portilla

koki sen pimeyden

voitti

sai profeettansa

Hän maksi sängyssään

ja alkoi vajota

vajosi kohti Kristuksen hautaa

asettui Kristuksen ruumiin viereen

Hauta oli täynnä kirkkautta

enkelit ääntelivät

niiden ääni oli pyhä

kirkas

käsittämätön

Ylösnousemus

kun ruumis nousi vuoteeltaan

viikkasi käärinliinansa

kohosi korkeuteen

Kuka ymmärtää

Jumalan salaisuuksia?

Vuoteella makasi Mooses

Jumalan puhuttelussa

ei ollut välimiestä Kristusta

suoraan Jumalan kasvojen alla

ja hän oli syntinen mies

vastuussa kaikesta tekemästään

kaikki olevainen tuntui hajoavan ympäriltä

Jumala lupasi kertoa totuuden

oikeudenmukaisuudestaan ja persoonastaan

hän pyysi armoa

hän ei kestänyt kuulla sitä

Paavali vuoteellaan

kun saatana rusikoi häntä

asettui sisälle lihaan

irvisteli

pilkkasi sieltä

Turhaan Paavali rukoili Jumalalta

pistintään pois lihastaan

vastaus oli vain

"Tyydy minun armooni,

minun voimani on heikoissa väkevä"

Elia oli jo profeetta

naiseen koskematon

Hän torkkui kedolla

Herran enkeli tuli

muutti hänen lihansa

miehen lihaksi

synnittömästi

antoi miehen voimat

käsittämättömät

Katuva saa armon

Synti on tunnustettava

siitä on tehtävä parannus

sillä anteeksisaamattomat synnit

vetävät uusiin synteihin

käärmeen alaisuuteen

joka käyttää salailua hyväkseen

juonii synnillä

saa itse sitä aikaan

Saarnasta saa usko kaikki synnit anteeksi

rippi on armoetu

laittaa pois nimelliset synnit

painavat

Joka syntinsä tunnustaa

ja katuu

saa armon

Jumala on armahtava Isä

kutsuu jokaista

ei hylkää katuvaa

vihaa syntiä

rakastaa syntistä ihmistä

Syntisen naisen tauti

on kuvitella olevansa käärme

käärme oli saatana

kiero viettelevä mies

kantaa käärmeen syntiä

manipuloi

valehtelee totuuden

saa aikaan harhaoppeja

pahan pauloissa

Hän oli tehnyt huorin tanssilattialla

hän otti Jumalan rangaistuksena teloituksen

hän oli nähnyt sodassa salaa kuvatun teloituksen

ruumiin antautumisen kuolemalle

Hän otti kovemman

tuli pimeä hetki

kun hän antautui kuolemalle

ja huojui

Hänen ei tarvinnut kuolla

Uskovainen on armon kerjäläinen

matkaa kerjäläisen passilla

syntisyys painaa

hidastaa matkaa

Evankeliumista saa lohdutuksen

vapautuu tunnon taakoista

iloisin mielin

saa jatkaa matkaa

Karitsan istuimen edessä

kiittää joukko valkopukuisten

He ovat voittaneet

on loppu mainen vaiva

ilo ja riemu

on loputon

Ei ole mitään uutta taivaan alla

On tärkeä usko itsensä

"pahana pyhäksi,

syntisenä vanhurskaaksi"

Ihminen on kyllä paha

häijy hänen sydämensä

Mutta pahuudelle ei saa antaa valtaa

ihminen on syntinen

sille hän ei voi mitään

syntiä vastaan taistellaan Evankeliumilla

syntiä armoon vaihtaen

"Ei ole mitään uutta,

taivaan alla"

vaivat

jotka meitä vaivaavat

olivat jo esi-isiemme vaivoja

Ei ole Jumala ja Hänen armonsa

lakinsa

muuttunut

Vihollinen on sama

muuttaa muotoaan

luo uusia ilmentymiä

"kulkekaa entisiä teitä"

kehoitti Jeremia

Jumalan äänitorvena

"Autuaat ovat puhtaat sydämestä."

Uskovaisen sydämessä

asuu Kristus

Hän on valmistanut sen asuinsijakseen

Hän on puhdas, Pyhä

mutta lihamme, mielemme puolesta

sydän on pahanilkinen

kuten Jeesus opetti

"Ei ole yhtään, joka hyvää tekee"

vilpittömimmänkin ihmisteon takana

on jotain omaa

se on synti

sillä se varastaa Jumalan kunnian

olemme kaksiosaisia

meissä on sekä liha, että henki

henki on altis uskomaan

liha on heikko

jaraa vastaan

Me olemme kaksiosaisia

liha ja henki

ihmisen sydän on kaksiosainen

Sanan kuulossa henki tekee työtään

Kristus sydämessä ilmaisee itsensä

tuntee iloa

pohjalla paistaa huoruus

lihan työ

sillä ihmisen sydän

on huoruutta ja pahoja ajatuksia täynnä

Kristuksessa meillä on myös

uusi osa

Lihaisa sydän on elävä

se on tunteva

se tuntee synnin

koska ihminen

jolla ei ole synnin tuntoa

on kuollut

Uskovainen on puhdas

Hän on Kristuksen puhdistama

vaikka syntinen

Matkavaatteita pestään

Jeesuksen verellä

Raamattu selittää

uskon

selittää ihmisen ominaisuuden

lihan ja hengen

kaksiosaisuuden

Kuka voi sen täysin ymmärtää?

Ymmärtää täysin Jumalan salaisuudet?